AF313247

C'EST POUR CE SOIR!

A-PROPOS EN UN ACTE

PAR

M. WILLIAM BUSNACH

Prix : 1 franc

MICHEL LÉVY FRÈRES, LIBRAIRES ÉDITEURS
RUE VIVIENNE, 2 BIS, ET BOULEVARD DES ITALIENS, 15
A LA LIBRAIRIE NOUVELLE

PARIS — 1865

C'EST POUR CE SOIR !

A-PROPOS EN UN ACTE

PAR

M. WILLIAM BUSNACH

Représenté pour la première fois, à Paris, sur le théâtre des Bouffes-Parisiens, le 25 avril 1865.

PARIS

MICHEL LÉVY FRÈRES, LIBRAIRES ÉDITEURS

RUE VIVIENNE, 2 BIS, ET BOULEVARD DES ITALIENS, 15

A LA LIBRAIRIE NOUVELLE

—

1865

Tous droits réservés

Distribution de la pièce

MITOUFLOT, bourgeois de Pontoise......	MM.	Désiré.
TRICOCHE, confiseur à Paris...........		Léonce.
ARCHIBALD, professeur de piano........		Tayau.
UN RÉGISSEUR......................		Desmonts.
HÉLOISE, femme de Mitouflot...........	Mmes	Tostée.
SIDONIE, sa nièce....................		Lovato.
VÉRONIQUE, bonne..................		Simon.

NOMBREUX INVITÉS DES DEUX SEXES.

La scène se passe, de nos jours, à Pontoise.

Cet à-propos a été composé pour les représentations de Mlle Thérésa, au théâtre des Bouffes-Parisiens.

C'EST POUR CE SOIR !

A M. ADOLPHE BELOT
Avec mes plus vifs remercîments.
WILLIAM BUSNACH.

L'orchestre commence l'ouverture. — Avant qu'elle soit entièrement terminée, le rideau se lève à moitié, et le régisseur du théâtre paraît en scène, une dépêche à la main.

LE RÉGISSEUR, après avoir salué.

Mesdames et messieurs, la pièce que nous venons d'avoir l'honneur de représenter devant vous, est de... Ah! pardon, je me trompe, excusez-moi, mais je suis si troublé... (Reprenant après de nouveaux saluts.) Mesdames et messieurs, l'à-propos que nous allons avoir l'honneur de représenter devant vous ne devait durer, malgré l'intérêt de l'intrigue, que cinq ou six minutes au plus. C'était la seule façon de satisfaire à la légitime impatience du public, venu pour entendre l'artiste en représentation aux Bouffes... Malheureusement, nous venons de recevoir cette dépêche que je vous demande la permission de vous lire : « Embarras voitures, coin fau» bourg Poissonnière... Thérésa pas pouvoir arriver avant » vingt minutes... Compliquer pièce!...» Je viens de réunir au foyer les artistes qui jouent dans la pièce, et ils m'ont tous promis de déployer leur intelligence habituelle... (Bas.) Ils sont là dans la coulisse, flattons-les! (Reprenant.) leur intelligence habituelle, pour sauver la situation. Nous allons donc avoir l'honneur de... compliquer pièce, pendant une vingtaine de minutes, afin qu'elle puisse durer jusqu'à l'arrivée de mademoiselle Thérésa. Nous vous prions de vouloir bien accorder toute votre indulgence à la collaboration improvisée (Haussant la voix.) des excellents artistes qui composent la troupe du théâtre des Bouffes-Parisiens... Au rideau! (Le régisseur salue, le rideau tombe, l'ouverture s'achève et on frappe les trois coups.)

Le théâtre représente un salon. — A gauche, un piano. — A droite, au fond, un grand placard ouvert ; sur les planches du haut, des bouteilles de sirop. des verres et des gâteaux. Le bas du placard est vide et n'a pas de planches. — Au fond, porte à deux battants. — Portes latérales. — Table à droite.

SCÈNE PREMIÈRE

VÉRONIQUE, puis HÉLOISE.

VÉRONIQUE, près de la table, rangeant ses gâteaux dans une assiette.

Là... voilà qui est fait... (Allant vers le placard.) Voyons, les sirops, les brioches, le punch, tout est préparé. Ah ! c'est qu'il paraît que madame tient à ce qu'on parle de cette soirée dans tout Pontoise. (Elle revient vers la table.)

HÉLOÏSE, ouvrant avec précaution la porte à gauche.

Véronique...

VÉRONIQUE.

Madame...

HÉLOÏSE.

Où est mon mari ?

VÉRONIQUE.

Dans le potager, madame ; il arrose.

HÉLOÏSE.

Ah ! du moment qu'il arrose, je puis entrer. (Elle entre tout à fait en scène avec un objet qu'elle tient caché sous son mantelet. Apercevant l'assiette de gâteaux.) Eh bien, malheureuse, veux-tu bien serrer ces gâteaux. Si mon mari les voyait, il se douterait... Y as-tu songé ? quelle catastrophe ! Il est si violent... Heureusement, il va s'absenter pour vingt-quatre heures. (A Véronique qui serre l'assiette dans le placard et qui le referme.) As-tu préparé sa valise ?

VÉRONIQUE.

Oui, madame... mais qu'est-ce que madame cache donc comme ça ?

HÉLOÏSE.

Regarde... (Elle tire un énorme bouquet de dessous son mantelet.)

VÉRONIQUE.

Ah ! le beau bouquet... Et c'est pour...

HÉLOÏSE.

Et pour qui veux-tu que ce soit, sinon pour elle ? C'est que je ne veux pas qu'elle ait à se repentir d'être venue jusqu'à Pontoise... Et dire que c'est chez moi... que ce soir même... Ah! la receveuse des contributions indirectes en va sécher de dépit... et la directrice des postes en attrapera la jaunisse!... C'est bien fait! Elles ont essayé de l'avoir, elles sont allées jusqu'à faire une cagnotte et à lui en offrir le produit, mais elle a énergiquement refusé; et pour moi, pour moi seule, grâce à Archibald, son camarade, le professeur de chant de ma nièce, elle a consenti. Quel cœur! Ah! je vais donc me venger de tout Pontoise!... (Avec mystère.) A propos, as-tu songé à l'œuf?

VÉRONIQUE.

Oui, madame, j'en ai acheté une douzaine.

HÉLOÏSE.

Et à la côtelette?

VÉRONIQUE.

J'en ai une superbe, madame, mais pourquoi?

HÉLOÏSE.

Ah! l'on voit bien que tu n'es pas au fait des habitudes des grandes artistes. Tiens...[on m'a conté que la Persiani....

VÉRONIQUE, répétant.

La Persiani.

HÉLOÏSE.

Oui, la Persiani ne pouvait chanter qu'après avoir avalé un œuf cru... Et la Malibran, ah! la Malibran, c'est encore bien plus fort... elle ne se croyait en voix qu'après avoir mordu dans une côtelette saignante... Peut-être, celle que nous allons enfin posséder dans nos murs, a-t-elle hérité de quelqu'une de ces fantaisies célèbres, c'est pourquoi j'ai pris mes précautions...

SCÈNE II

HÉLOISE, SIDONIE, VÉRONIQUE.

SIDONIE, entrant précipitamment.

Ma tante... ma tante... Tiens! il n'est pas là.

HÉLOÏSE.

Qui ça... ton oncle?

SIDONIE.

Non, M. Archibald. L'heure de ma leçon est passée.

HÉLOÏSE

Il ne peut tarder à arriver, tu dois comprendre avec quelle impatience je l'attends, pour savoir s'il n'a pas reçu de contre-ordre de celle qui... Dès qu'il arrivera, je lance mes invitations définitives... Le petit tambour des pompiers les aura portées en un instant. (Tirant un paquet de lettres de sa poche.) Elles sont toutes les mêmes. Tiens... vois! (Lisant.) C'est pour ce soir... H. M. Héloïse Mitouflot. On est prévenu, on comprendra...

VÉRONIQUE, qui rangeait au fond.

Madame, j'entends le pas de monsieur.

HÉLOÏSE, serrant les lettres dans sa poche.

Vite ma tapisserie... Sidonie, à ton tricot (Regardant autour d'elle.) Rien ne peut nous trahir, n'est-ce pas ?... Véronique, veillez aussi mystérieusement que possible aux derniers apprêts!... Maintenant, à nos projets!... (Véronique entre à droite, Mitouflot entre par le fond. Héloïse et Sidonie travaillent près de la table.)

SCÈNE III

HÉLOISE, SIDONIE, MITOUFLOT.

HÉLOÏSE à Mitouflot, qui s'est avancé sans bruit derrière elle et qui l'embrasse.

Tiens, c'est toi, Léon... Bonjour, mon petit chéri. Eh bien, nous partons donc toujours aujourd'hui... nous quittons notre Héloïse?

MITOUFLOT.

Ah! ne m'en parle pas, tiens, ne m'en parle pas... Quand je pense à cette séparation, les larmes me viennent aux yeux.

HÉLOÏSE.

Quel enfantillage, Léon, tu ne t'en vas que pour vingt-quatre heures.

MITOUFLOT.

Ça ne fait rien, c'est la première fois, depuis que tu me sers de moitié, que je passerai une nuit hors du domicile conjugal. C'est une imprudence, c'est une imprudence.

HÉLOÏSE.

Quoi ! Léon, vous douteriez...

MITOUFLOT.

Non, Héloïse! non... mais on ne se refait pas. Loin de toi, je suis inquiet... tourmenté.

HÉLOÏSE, se levant.

Mais, mon ami, n'est-ce pas toi qui as eu l'idée d'aller voir le cousin Tricoche.

MITOUFLOT.

Le confiseur.

HÉLOÏSE.

Oui, le parrain de Sidonie; j'ai tout fait préparer pour ton départ, il n'y a pas à hésiter.

MITOUFLOT.

Je n'hésite pas, mais je suis émotionné.

HÉLOÏSE.

C'est un petit moment à passer, et ce soir, en arrivant à Paris, mon petit Léon ira rue des Lombards; il surprendra cet excellent Tricoche qui sera bien content, mais bien content de le voir. Et ils s'en iront tous les deux au café... faire un joli domino.... ou au spectacle...

SIDONIE.

Ou au café chantant.

MITOUFLOT.

Au café chantant, jamais! Moi, apporter mon obole à cette profanation de l'art pur, de l'art austère... jamais!

HÉLOÏSE.

Tu as raison, mon ami, et ce n'est pas moi qui t'engagerai à encourager de ta présence candide et champêtre, ces divertissements trop vantés aujourd'hui et qui témoignent bien du degré d'incohérence dans lequel la moderne Babylone, reniant ses dieux d'autrefois, se jette tête baissée, au mépris de toutes les convenances sociales, qui sont la base inébranlable des sociétés. (A part, respirant.) Ouf!

MITOUFLOT.

Sidonie, as-tu entendu ta tante? (Se tournant vers Héloïse.) Ah! si Pontoise était juste, c'est toi qui le représenterais... C'est beau ce que tu as dit là... c'est gigantesque. Recommence... Non, tu me le rediras à mon retour.

HÉLOÏSE.

A ton retour, c'est cela... Voyons, as-tu toutes les affaires? As-tu songé à acheter un livre pour lire en chemin de fer?

MITOUFLOT, sortant à demi de sa poche un livre enveloppé.

Oui, chérie.

SIDONIE.

Qu'est-ce que c'est, mon oncle?

MITOUFLOT.

Je ne sais pas... c'est le libraire qui m'a envoyé ça... C'est un volume qui vient de paraître.

SIDONIE.

Ah! voyons...

MITOUFLOT, regardant.

Les mémoires de Thé... Ciel!... ce livre sur moi...

HÉLOÏSE

Ah! tu ne le liras pas. Léon!... (A part, mettant le livre dans sa poche.) Je vais le dévorer, en attendant qu'elle arrive!...

SCÈNE IV

LES MÊMES, ARCHIBALD.

ARCHIBALD, son chapeau sous un bras, des cahiers de musique sous l'autre bras, s'inclinant dès le seuil de la porte.

Mesdames, je vous présente...

HÉLOÏSE.

Ah! c'est vous, monsieur Archibald?

MITOUFLOT.

Comment, tu n'as pas encore pris ta leçon, Sidonie?... Eh bien, avant de partir, je ne serais pas fâché de t'entendre un peu. Monsieur aura la bonté de te donner ta leçon devant moi.

ARCHIBALD, très-embarrassé de sa musique et de son chapeau.

Mais avec plaisir, monsieur.

HÉLOÏSE.

Mon ami, prends garde de manquer le chemin de fer...

MITOUFLOT.

Oh! j'ai le temps!... (Il s'assied.)

HÉLOÏSE, bas à Archibald dont elle s'est approchée.

Eh bien?

ARCHIBALD.

A onze heures elle sera ici...

HÉLOÏSE.

A onze heures... Ah! quelle joie! vite mes invitations! (A Mitouflot.) Mon ami, je reviens... (S'éloignant et appelant.) Véronique! Véronique!

SCÈNE V

MITOUFLOT, ARCHIBALD, SIDONIE.

MITOUFLOT, à Archibald.

Monsieur, je n'ai pas encore assisté aux leçons que vous donnez à ma nièce, mais je vous respecte assez pour croire que vous n'avez pas outragé la chasteté de ses oreilles par

quelques-uns de ces refrains grivois et primesautiers que
la capitale se complaît à répéter en ce moment.

ARCHIBALD, indigné.

Oh! monsieur! Fi!

MITOUFLOT.

Très-bien, monsieur l'artiste. Ah! de mon temps, les refrains que chantonnaient nos lèvres étaient purs; c'était :
Casta Diva, ou bien... Tenez, j'ai l'honneur d'appartenir au
corps des sapeurs-pompiers de Pontoise. Autrefois, sur mon
passage, j'entendais les enfants fredonner : *Ah! quel plaisir
d'être soldat...* Aujourd'hui, je n'entends plus que ce re-
frain : *Rien n'est sacré...* Ah! où allons-nous, monsieur
l'artiste, où allons-nous?

ARCHIBALD, à Sidonie.

Mademoiselle, si vous voulez...

SIDONIE.

Volontiers, monsieur. (Chantant au piano, tandis qu'Archibald, de-
bout près d'elle, tourne les feuillets de musique et bat la mesure.)

Je l'ai planté, je l'ai vu naître
Ce beau rosier où les oiseaux,

MITOUFLOT.

Bravo! bravo!

SIDONIE.

Au matin, près de ma fenêtre,
Viennent chanter sous ses rameaux...

MITOUFLOT, renversé sur son fauteuil, les yeux à moitié fermés, dans
un état de béatitude.

Brava! brava! brava!

SIDONIE, chantant.

Joyeux oiseaux, troupe amoureuse,
Oh! par pitié, ne chantez pas,
L'amant qui me rendait heureuse
Est parti pour d'autres climats.

MITOUFLOT, se levant.

A la bonne heure, voilà des chansons convenables pour
une jeune fille. Je vais boucler ma valise. Continue, Sidonie,
continue! (Il sort à droite.)

SCÈNE VI

ARCHIBALD, SIDONIE.

(Quand Mitouflot est parti, Sidonie va s'assurer qu'il a bien fermé la
porte, puis elle revient au piano.)

SIDONIE, chantant.

J'ai beau lui dire : v'là m'sieu qu'arrive,
Rien n'est sacré pour un sapeur,
Rien n'est sacré pour un sapeur.

(Mitouflot paraît effaré à la porte. Archibald fait un geste énergique, et
Sidonie interrompt *le Sapeur* pour reprendre sa première chanson.)

SCÈNE VII

ARCHIBALD, SIDONIE, MITOUFLOT.

SIDONIE, chantant.

Oiseaux voyageurs, mais fidèles,
Ramenez-le moi tous les ans.

MITOUFLOT, à part, toujours près de la porte.

Les oreilles m'auront tinté, bien sûr... (Haut.) Très-bien,
monsieur l'artiste, très-bien... Ramonez-le-moi tous les
ans... Cette chanson de Savoyard est des plus convenables...
Je vais reboucler ma valise. (Il sort.)

SCÈNE VIII

ARCHIBALD, SIDONIE, puis HÉLOISE.

ARCHIBALD.

Allons, reprenons, mais à voix basse... Tenez, comme
ceci...

HÉLOÏSE, se précipitant en scène dans une grande agitation et s'élançant
vers Archibald.

Monsieur Archibald, êtes-vous un homme?

ARCHIBALD, interloqué.

Madame... mais... ce doute...

HÉLOÏSE.

J'entends : un homme décidé à tout...

ARCHIBALD, brandissant son archet.

Moi ! ah ! vous ne me connaissez pas ! Qu'y a-t-il ?

HÉLOÏSE.

Il y a que notre cousin Tricoche arrive... il tourne en ce moment la rue.

SIDONIE.

Ciel !

HÉLOÏSE.

Comprenez-vous? Tricoche à Pontoise... Tricoche que mon mari allait voir à Paris. Il n'a plus aucun motif pour partir... tout est perdu, et mes invitations qui sont lancées.

SIDONIE.

Que dira Pontoise ?

ARCHIBALD, se promenant avec agitation en brandissant son archet.

Que faire? Quel cataclysme!... Et elle !... la voir exposée à...

SCÈNE IX

Les Mêmes, VÉRONIQUE.

VÉRONIQUE, s'élançant effarée.

Madame, il sonne!

HÉLOÏSE.

Ouvre-lui le plus tard possible. Laisse-le sonner.

VÉRONIQUE.

Bien, madame. (Elle sort.)

HÉLOÏSE, saisissant Archibald au moment où il passe près d'elle.

Ecoutez, cet homme qui va entrer ici, cet homme, vous entendez bien, n'est-ce pas... il faut qu'il disparaisse jusqu'à ce que mon mari soit parti... Ne reculez devant rien.

ARCHIBALD.

Rien, absolument rien, (Brandissant son archet.) même devant le crime !

HÉLOÏSE.

Silence !

SCÈNE X

Les Mêmes, MITOUFLOT.

MITOUFLOT, entrant par la droite, en toilette de voyage, sa valise à la main.

Voilà qui est fait ! adieu, ma chère, adieu! (On entend sonner dehors.) Qu'est-que c'est que ça ?

HÉLOÏSE.

C'est le porteur d'eau.

MITOUFLOT, se dirigeant vers la porte du fond.

M'accompagnes-tu jusqu'en bas ?

HÉLOÏSE.

Je le veux bien, mais à une condition...

MITOUFLOT.

Oui ! je comprends.... C'est le baiser de l'étrier que tu désires...

HÉLOÏSE ; elle l'entraîne à droite, en passant devant Archibald.

Ne reculez devant rien.

SCÈNE XI

ARCHIBALD, SIDONIE, TRICOCHE.

TRICOCHE, à lui-même en entrant.

Mais puisque je vous dis que je ne suis pas médecin. Elle me retenait ; ma parole d'honneur, je ne sais pas ce qu'elle voulait me montrer... Bonjour, ma petite Sidonie... bonjour, ma jolie filleule. Où sont tes respectables oncle et tante ?

SIDONIE.

Ils viennent, mon parrain, ils viennent !

ARCHIBALD, à lui-même, regardant Tricoche d'un air féroce.

De quelle façon m'en débarrasser ? où le mettre ? (Il se dirige vers le piano, lève le dessus et en prend la mesure, avec un mètre qu'il tire de sa poche.)

TRICOCHE, à Sidonie, montrant Archibald.

Quel est ce monsieur ?

SIDONIE.

C'est mon professeur de chant.

TRICOCHE.

Il a l'air un peu agité. Est-ce qu'il compose ? (Se reculant à la vue d'Archibald qui, sans dire un mot, s'est avancé vers lui et prend sa mesure avec son mètre.) Que me veut-il donc ?

ARCHIBALD, retournant au piano.

Décidément, il n'entrerait pas ! je vais chercher autre chose. (S'élançant vers le placard et l'ouvrant.) Ah ! voilà mon affaire !

TRICOCHE, à Sidonie.

Ma chère Sidonie, j'arrive d'Amiens où j'étais allé acheter du sucre de pomme de Rouen... Je t'en apporte un bâton... Tu vois que je ne t'ai pas oubliée. C'est ainsi que dans les familles se perpétuent... (Au moment où il présente d'un air gra-cieux à Sidonie le bâton de sucre de pomme, on entend la voix de Mitouflot dans la coulisse. Aussitôt Archibald s'élance sur Tricoche, le prend sous son bras et le porte dans le placard. Tricoche stupéfait ne prononce pas un mot ; il se contente de gigotter, son bâton de sucre de pomme à la main.)

ARCHIBALD, refermant la porte de l'armoire.

Maintenant, vite au piano pour étouffer ses cris.

SIDONIE, se précipitant au piano et chantant.
Joyeux oiseaux, troupe amoureuse,
Ah! par pitié ne chantez pas...

ARCHIBALD, frappant du pied avec violence pour marquer la mesure, mais en réalité dans le but d'étouffer le bruit que fait Tricoche dans le placard.

Une... deux... une... deux...

SCÈNE XII

LES MÊMES, MITOUFLOT, HÉLOISE.

HÉLOÏSE, entrant par la droite.

Il n'est plus là ! ah ! je respire !... (A Mitouflot qui la suit sa valise à la main.) Allons, allons, mon ami... tu vas manquer le train.

MITOUFLOT, traversant la scène.

Adieu, Sidonie.

SIDONIE.

Adieu, mon oncle ! (Continuant à chanter.)
Vous, passagères hirondelles,
Qui revenez chaque printemps...

ARCHIBALD, frappant du pied.

Une... deux... une... deux.

MITOUFLOT, s'arrachant des bras de Sidonie.

Adieu... adieu !... j'embrasserai Tricoche pour toi !... (Il sort.)

SCÈNE XIII

LES MÊMES, moins MITOUFLOT.

TOUS, tombant à la fois sur des chaises.

Ouf !

HÉLOÏSE, se relevant tout à coup.

Maintenant, aux derniers apprêts. Toi, Sidonie, range les fauteuils !... (Entrebâillant la porte du fond et criant.) Véronique, nous allons chercher d'autres banquettes. (S'élançant vers Archibald.) Ah ! j'oubliais ! qu'avez-vous fait de Tricoche ?

ARCHIBALD, montrant le placard.

Je l'ai mis là-dedans.

HÉLOÏSE.

Ah !... ouvrez-lui bien vite. (Elle sort.)

ARCHIBALD, tranquille.

A quoi bon... il doit être étouffé...

SIDONIE, s'élançant vers le placard.

Étouffé ! mon parrain ! (Elle ouvre.)

TRICOCHE, sortant de l'armoire sans s'émouvoir, tenant toujours son bâton de sucre de pomme à la main et le présentant à Sidonie.

C'est ainsi que dans les familles se perpétuent...; je crois que j'en était resté là.

ARCHIBALD.

Ce que c'est que la réclusion. Il est idiot.

TRICOCHE, à lui-même, tandis que les deux femmes bouleversent le salon.

C'est étrange... j'ai un vide... Voyons, rappelons nos souvenirs... J'étais parti d'Amiens ce matin .Tout à coup la locomotive s'arrête... Nous étions à Pontoise. Je descends. Je ne comptais pas m'arrêter à Pontoise, mais je descends... Tout à coup j'entends : Pstt ! pstt !... Le convoi était reparti. Il fallait attendre trois heures... Tiens, je vais voir les Mitouflot, que je me dis. J'arrive rue du Boulingrin Je monte, j'entre, j'offre mon bâton et... (Poussant un cri.) Ah ! j'y suis ! on me fourre dans un placard, là. (A Archibald.) Pardon, monsieur, je n'ai pas l'honneur de vous connaître et c'est tout au plus si je permettrais cette familiarité à un très-intime ami...

ARCHIBALD.

Silence, malheureux ! cela tient à des considérations d'un ordre si élevé que votre faible intelligence n'en saurait comprendre la portée.

TRICOCHE.

Ma faible intelligence... Ah! c'est différent... (Tirant un bâton de sucre de pomme de sa poche.) Vous offrirais-je ?

ARCHIBALD.

Trop de bontés.

TRICOCHE, regardant autour de lui.

Quelle drôle de maison !

HÉLOÏSE, à Véronique qu'elle vient d'aider à placer les banquettes.

Allez chercher encore des banquettes !

VÉRONIQUE, sortant.

Oui, madame !

SCÈNE XIV

LES MÊMES, moins VÉRONIQUE.

HÉLOÏSE.

Allons, Sidonie! monsieur Archibald, travaillez!... (A Tricoche.) Ah! c'est vous, mon cousin.

TRICOCHE.

Mais oui, ma cousine, permettez que je vous embrasse... (Il lui donne un bâton de sucre de pomme.)

HÉLOÏSE.

Vous nous restez, n'est-ce pas?... Nous vous ménageons une fameuse surprise.

TRICOCHE.

Une surprise.

HÉLOÏSE.

Mais au fait, vous êtes Parisien... Vous la connaissez peut-être.

TRICOCHE.

Qui ?

HÉLOÏSE.

Elle.

TRICOCHE.

Qui ça, elle ?

ARCHIBALD.

Mais elle, donc ? (A part.) Idiot.

TRICOCHE.

Quelle drôle de maison!

HÉLOÏSE, lui remettant le livre qu'elle a pris à son mari.

Tenez, voilà son portrait.

TRICOCHE, regardant.

Elle! Ah! quel talent! quelle voix!

HÉLOÏSE.

Vous l'avez entendue, vous !

TRICOCHE.

Jamais. Je suis allé vingt-sept fois de suite pour la voir... Je n'ai jamais pu entrer. Une fois, cependant, j'ai pu franchir le seuil... Elle avait fini... Ah! quel talent! quelle voix !

HÉLOÏSE.

Eh bien, dans quelques instants... Mais non, je préfère vous laisser la surprise... Moi, je vais m'habiller, je n'ai que

le temps... Sidonie, viens vite. (A Véronique qui a reparu avec de
nouvelles banquettes.) Véronique ! vous viendrez me prévenir
dès que vous apercevrez un invité. Monsieur Archibald,
allumez le lustre ! (Elle sort à gauche, suivie de Sidonie. Véronique
est sortie par le fond.)

SCÈNE XV

ARCHIBALD, TRICOCHE.

ARCHIBALD, qui a allumé un rat-de-cave et qui est monté sur une ban-
quette pour atteindre le lustre, descendant tout à coup et s'adressant à
Tricoche auquel il présente le rat-de-cave.
Prenez ceci.

TRICOCHE.

Mais...

ARCHIBALD.

Ne raisonnez pas, et prenez ceci... Bien... Maintenant,
montez sur cette banquette.

TRICOCHE.

Mais...

ARCHIBALD, le prenant à bras le corps et le posant sur la banquette.
Allons, allons, pas de réflexions ! allumez... moi, je n'ai
pas le temps... il faut que je fasse atteler les six chevaux à
la calèche qui doit la conduire de la station ici... Adieu !...
(Il sort précipitamment par le fond.)

SCÈNE XVI

TRICOCHE, seul, son rat-de-cave à la main, toujours perché sur la
banquette.
Quelle drôle de maison ! Il est évident que j'aurais beau
réfléchir, je ne comprendrai rien à ce qui se passe... Mon
libre arbitre m'est enlevé ! on m'a dit d'allumer, j'allume !
quelle drôle de maison ! (Tout à coup, tandis que Tricoche sur la pointe
des pieds allume le lustre au milieu du salon, Mitouflot, sa valise et une lettre
à la main, entre impétueusement par le fond.)

SCÈNE XVII

TRICOCHE, MITOUFLOT.

MITOUFLOT, à lui-même, en brandissant sa lettre.
C'est pour ce soir !... voilà ce qu'elle écrit au capitaine des
pompiers... « C'est pour ce soir. H. M. Héloïse Mitouflot. »
(Apercevant Tricoche qui lui tourne le dos, s'élançant sur la banquette

et prenant Tricoche par les épaules.) Capitaine, vous m'en rendrez
raison...

TRICOCHE, se retournant.

Mitouflot ! (Lui offrant un bâton de sucre de pomme.) Tiens...
je t'ai rapporté d'Amiens...

MITOUFLOT.

Ah bah ! mais ce n'est pas le capitaine des pompiers...
c'est Tricoche.

TRICOCHE.

Mais certainement !

MITOUFLOT, toujours sur la banquette.

Tricoche à Pontoise ! Et on m'envoyait le voir à Paris,
Oh ! infamie !... Que fais-tu ici ?

TRICOCHE.

Tu vois ! j'allume. On m'a dit d'allumer, j'allume !

MITOUFLOT.

Il allume ! Dans son innocence, il allume ! Et sais-tu
pourquoi tu allumes ?

TRICOCHE.

Je ne m'en doute pas.

MITOUFLOT.

Pour éclairer leurs débordements... pour illuminer les
folles orgies auxquelles ma femme se livre pendant mon
absence... Tiens ! lis ce qu'elle vient d'écrire au capitaine
des pompiers.

TRICOCHE, lisant, après avoir remis à Mitouflot le rat-de-cave, et le
forçant à allumer à sa place.

C'est pour ce soir !

MITOUFLOT.

H. M. Héloïse Mitouflot... Elle signe de ses initiales ses
rendez-vous clandestins ! (Repassant le rat-de-cave à Tricoche et se
mettant à cheval sur la banquette.) Heureusement que l'homme
chargé d'apporter cette lettre m'a rencontré quand j'allais
arriver au chemin de fer, et que, n'ayant pas trouvé le des-
tinataire, ce jeune innocent me l'a remise. (Avec déespoir.)
Ah ! tant d'années de bonheur effacées en un jour !

TRICOCHE, qui s'est mis aussi à cheval sur la banquette, tournant le dos
à Mitouflot.

Tout ceci est étrange. J'arrive d'Amiens... Tout à coup le
train s'arrête à Pontoise... Je... (Il se lève brusquement. Mitouflot,
qui s'appuyait sur son dos, s'allonge sur la banquette.)

MITOUFLOT, se relevant brusquement.

Mais je me vengerai ! je me vengerai. Héloïse ! Héloïse !

LA VOIX D'HÉLOÏSE.

Me voici ! me voici ! Est-ce que ce sont eux ?

MITOUFLOT, à Tricoche.

Tu l'entends... Ah !

TRICOCHE.

Ah !

SCÈNE XVIII

MITOUFLOT, TRICOCHE, HÉLOISE.

HÉLOÏSE, en grande toilette, entrant vivement.

Messieurs !... mes... Ciel ! Léon !

MITOUFLOT, les bras croisés, s'avançant vers Héloïse.

Ayez au moins la pudeur, madame, de ne pas m'appeler par mon petit nom... je sais tout. (Il montre la lettre.)

HÉLOÏSE.

Ah! mon ami, je suis bien coupable !

MITOUFLOT.

Elle l'avoue !

HÉLOÏSE.

Mais, que veux-tu, la curiosité...

MITOUFLOT.

Oh ! madame !

HÉLOÏSE.

La mode...

MITOUFLOT.

Oh! la mode! le fait est qu'aujourd'hui, c'est assez la mode!

HÉLOÏSE.

Enfin ! pense à l'honneur qui en résultera pour toi.

MITOUFLOT.

L'honneur! ah ! Héloïse !

HÉLOÏSE.

Je parie qu'on te nomme du conseil municipal. Ça lèvera les derniers obstacles !

MITOUFLOT.

Je refuserai, je refuserai énergiquement... A ce prix, je ne consentirais même pas à être garde champêtre ! (Prenant sa tête dans ses deux mains et se laissant tomber sur un siége.) Ah! que je souffre... mon Dieu! que je souffre!

TRICOCHE, à lui-même.

Je continue à n'y rien comprendre... j'arrive d'Amiens ; tout à coup...

SCÈNE XIX

Les Mêmes, SIDONIE, VÉRONIQUE.

SIDONIE, se précipitant dans le salon.

Ma tante ! ma tante ! nos invités ! (S'arrêtant.) Ciel ! mon oncle !

VÉRONIQUE, faisant irruption dans le salon.

Madame, j'ai poussé jusqu'à la gare. Tout Pontoise y est et se prépare à la suivre jusque chez vous. Je crois qu'on forcera vos portes.

MITOUFLOT, comme réveillé en sursaut.

On forcera nos portes ! (Prenant Véronique par le bras.) Pourquoi forcera-t-on nos portes ?

VÉRONIQUE.

Dame, monsieur... tout Pontoise veut l'entendre.

MITOUFLOT.

Qui, l'entendre ? qui ?

HÉLOÏSE, lui présentant le livre et le portrait.

Mais vous ne savez donc pas... elle !...

MITOUFLOT.

Elle ! quoi !... elle... (Se frappant le front et poussant un cri.) Ah ! c'est pour ce soir !... je comprends.

TRICOCHE, même jeu.

Ah ! c'est pour ce soir... je ne comprends pas.

MITOUFLOT, prenant un bâton de sucre de pomme dans la poche de Tricoche.

Heureusement qu'il t'en reste un ! (A lui-même.) Ah ! quel bonheur on éprouve à revenir de si loin... Ma tête est dégagée. (Prenant Héloïse dans ses bras.) Ma chère petite femme, appelle-moi Léon... je te le permets.

HÉLOÏSE.

Tu me pardonnes, Léon ?

MITOUFLOT.

Si je te pardonne !

HÉLOÏSE.

Et... tu la recevras bien ?

MITOUFLOT.

Si je la recevrai bien ! tu le demandes ! (S'adressant à Tricoche et à Héloïse.) Tout dépend de la façon dont on présente les choses. Si on m'avait dit tout d'abord. La voilà! j'aurais répondu : Plutôt la mort! mais du moment que j'ai cru que... je m'écrie : Ce n'est que cela!... mais avec plaisir! Et puis, au fond... moi je n'allais à Paris que pour l'entendre! (Héloïse se jette dans ses bras.)

VÉRONIQUE, au fond, annonçant.

Madame la directrice des contributions indirectes.

MITOUFLOT.

Mais je suis en toilette de voyage... Ah! Tricoche... quelle idée! (Entraînant Tricoche.) Viens, viens!

TRICOCHE.

J'arrive d'Amiens, tout à coup... Quelle drôle de maison!
(Ils sortent à droite.)

SCÈNE XX

LES MÊMES, moins MITOUFLOT et TRICOCHE, DES INVITÉS.

VÉRONIQUE, continuant à annoncer tandis qu'Héloïse va au-devant de chaque nouvel invité et le fait ranger sur les banquettes. Pendant ce temps, l'orchestre joue la marche du *Tanhauser* entremêlée de l'air du *Sapeur*.

M. Dépotéyer et ses demoiselles; M. et madame la directrice des postes et ses petits jeunes gens; madame veuve Grateloup ; mademoiselle Grateloup ; madame Loubinal, née Grateloup ; M. Oscar Grateloup ; M. le lieutenant de gendarmerie; mademoiselle Amélie de Maspérod ; ces messieurs du corps des pompiers ; madame et M. Sardinoux... (S'interrompant en criant.) Ah! y en a trop... je n'annonce plus!

HÉLOÏSE.

C'est bien, ma fille.

SCÈNE XXI

LES MÊMES, MITOUFLOT, TRICOCHE, puis ARCHIBALD.

(Tricoche est revêtu d'un uniforme de sapeur de la garde nationale, Mitouflot est en sapeur des pompiers, il tient une hache à la main.)

MITOUFLOT, en entrant.

Il est impossible que ces costumes ne soient pas de son goût! (Saluant les invités.) Mesdames, messieurs...

TRICOCHE.

Quelle drôle de maison! j'arrive rue du Boulingrin, on me met en sapeur!

VÉRONIQUE, criant.

La voilà! (Tout le monde quitte sa place et s'élance vers la porte.)

ARCHIBALD, criant au fond.

Place ! place !

MITOUFLOT, suivi de Tricoche, fendant la foule avec sa hache.

Place ! place ! (Un vide se fait. Thérèsa donnant le bras à Archibald et précédée par Mitouflot et Tricoche s'avance à l'avant-scène et s'approche du piano.)

MITOUFLOT.

Fermez les portes !

ARCHIBALD.

Silence !

TOUS.

Silence ! (Thérèsa chante, interrompue à chaque couplet par les bravos de l'assemblée. Quand elle a fini, le rideau baisse.)

FIN

NOTE

POUR MESSIEURS LES DIRECTEURS DE PROVINCE

Messieurs les Directeurs qui voudraient monter cet à-propos, devront s'adresser à M. Desmonts, régisseur-général des Bouffes-Parisiens, qui leur fera parvenir les indications nécessaires. — L'auteur a composé pour le dénoûment de cette pièce plusieurs variantes qui doivent servir aux représentations que les artistes des Bouffes-Parisiens se proposent de donner en province sans le concours de Mlle Thérèsa.

Imprimerie de L. TOINON et Cie, à Saint-Germain.